GRANDI GATTI LIBRO DA COLORARE

Copyright © 2021 Katrin Stark

TUTTI I DIRITTI RISERVATI

Questo libro appartiene a:

PAGINA DI PROVA COLORE

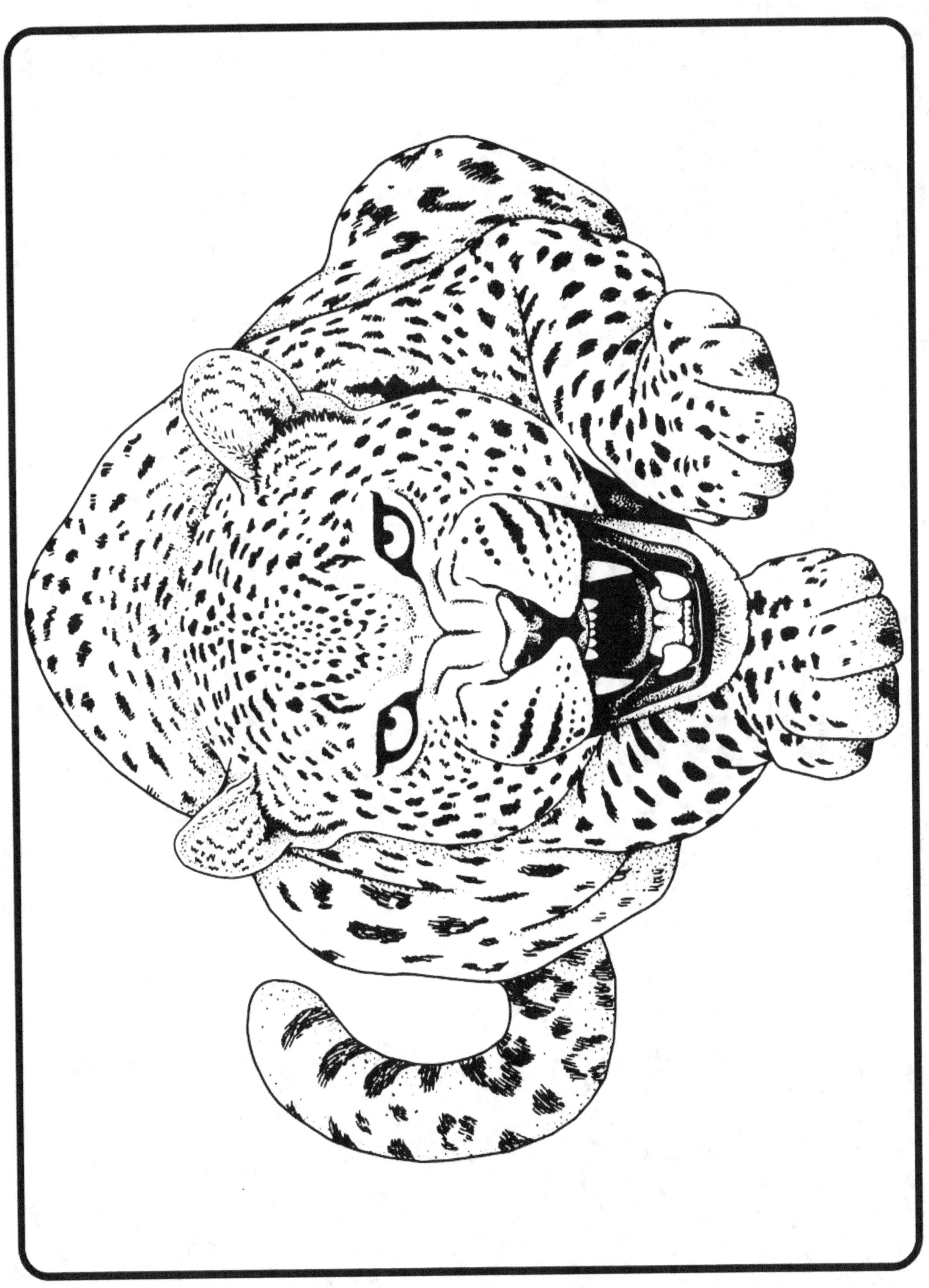

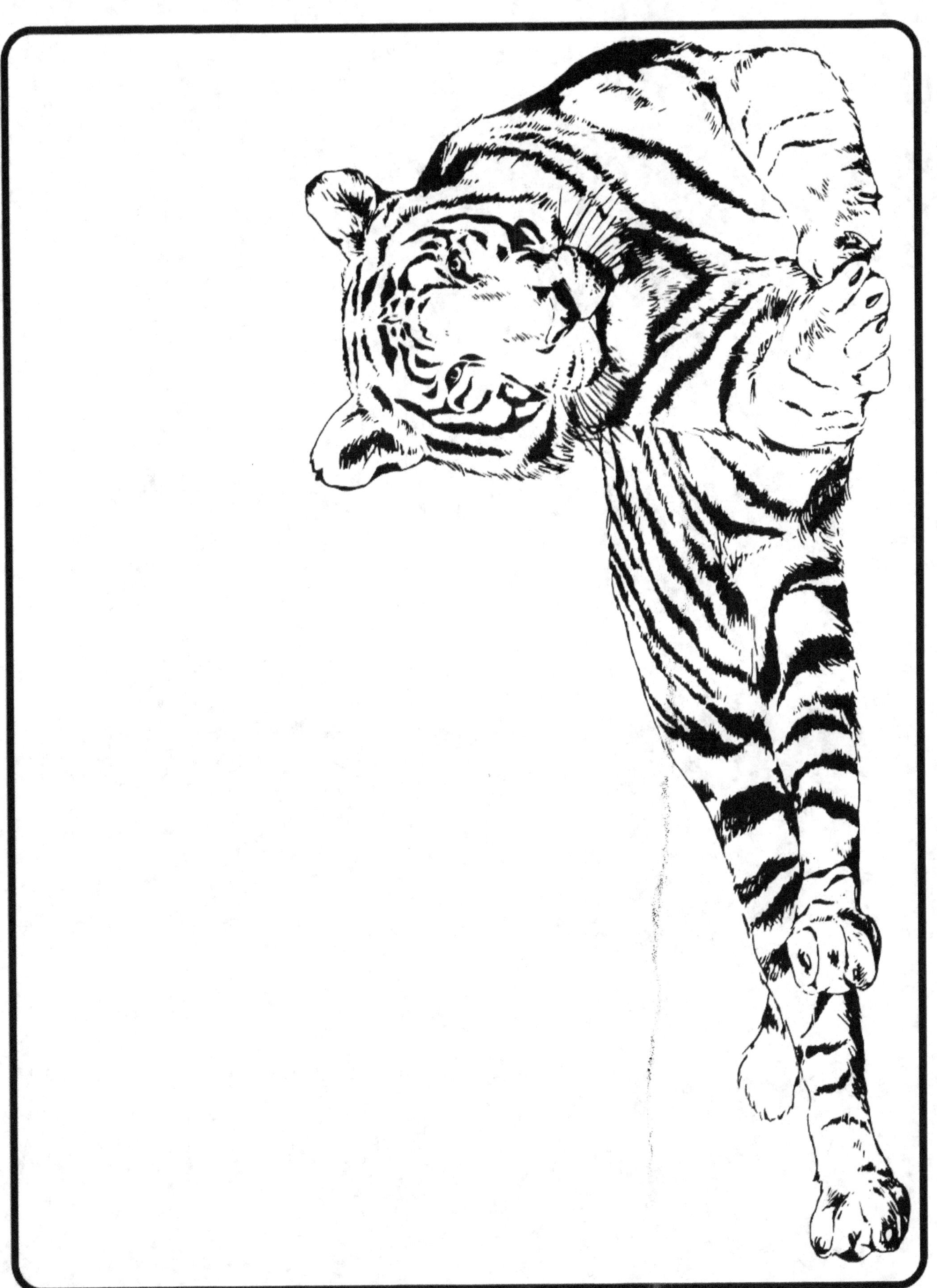

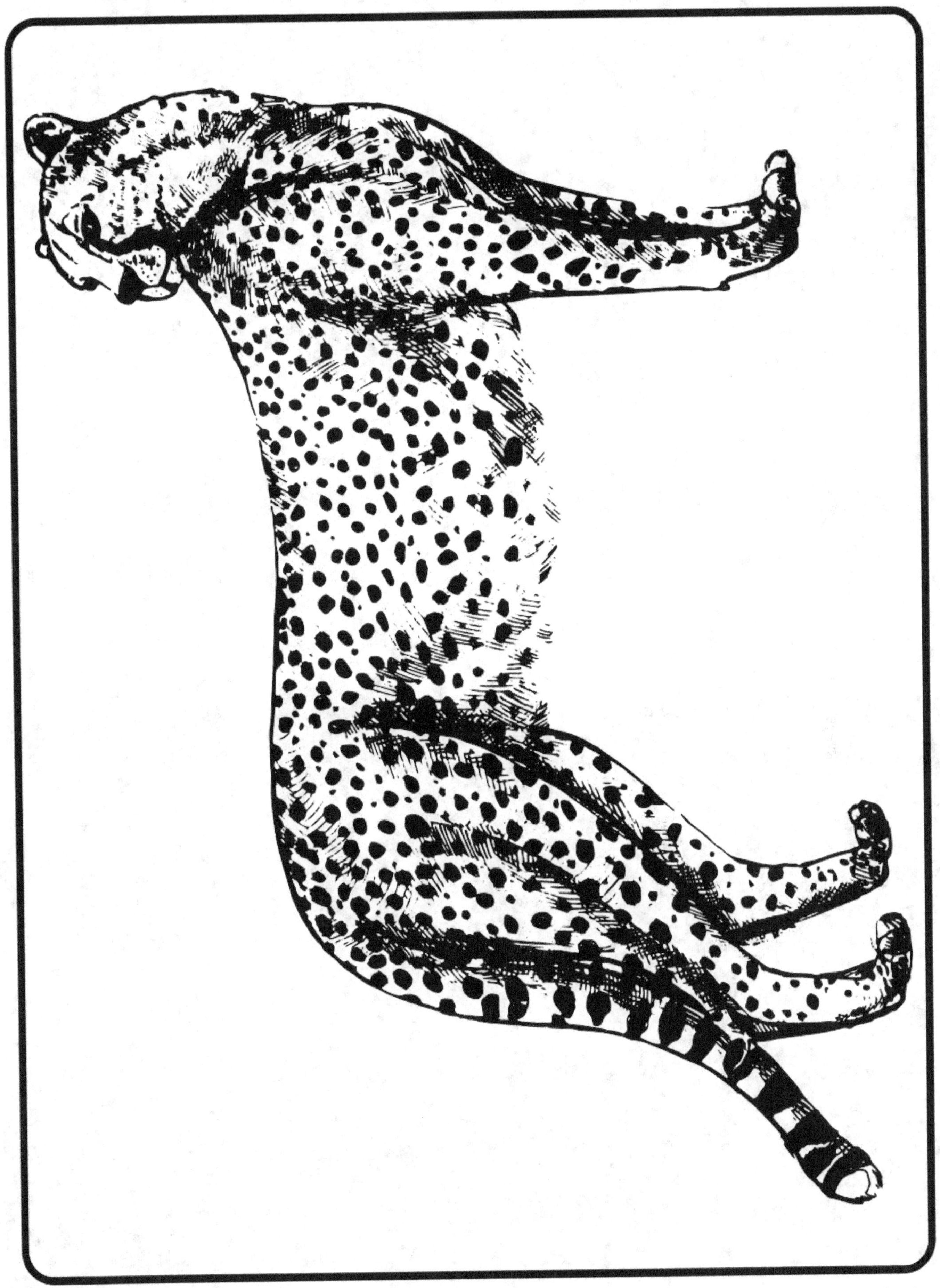

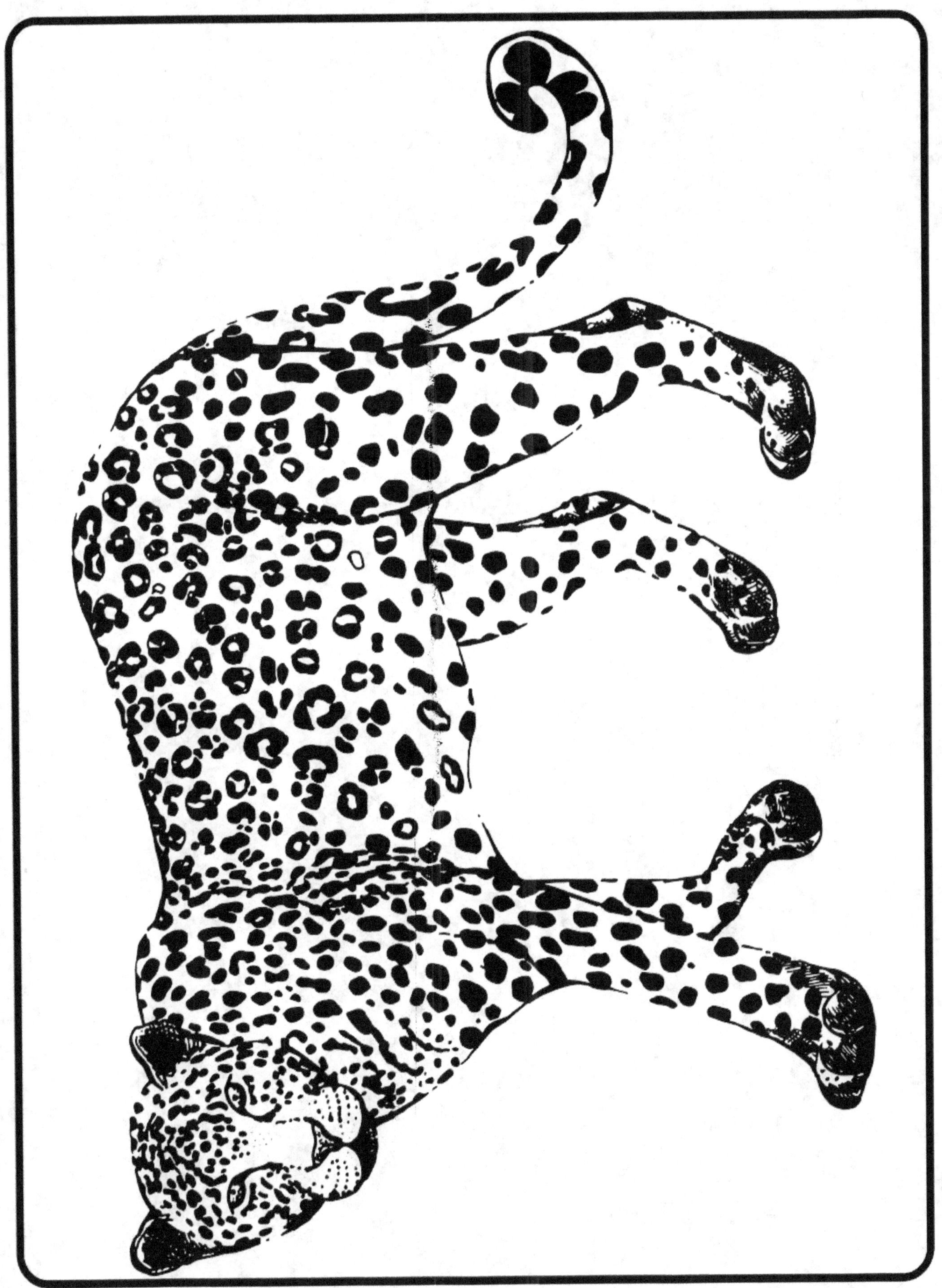

虎

Grazie per aver acquistato questo libro.

Se ti piace il libro, considera di lasciare un commento,
questo aiuterà l'autore a creare libri migliori in futuro.

www.amazon.it/Katrin-Stark

9 798720 883164